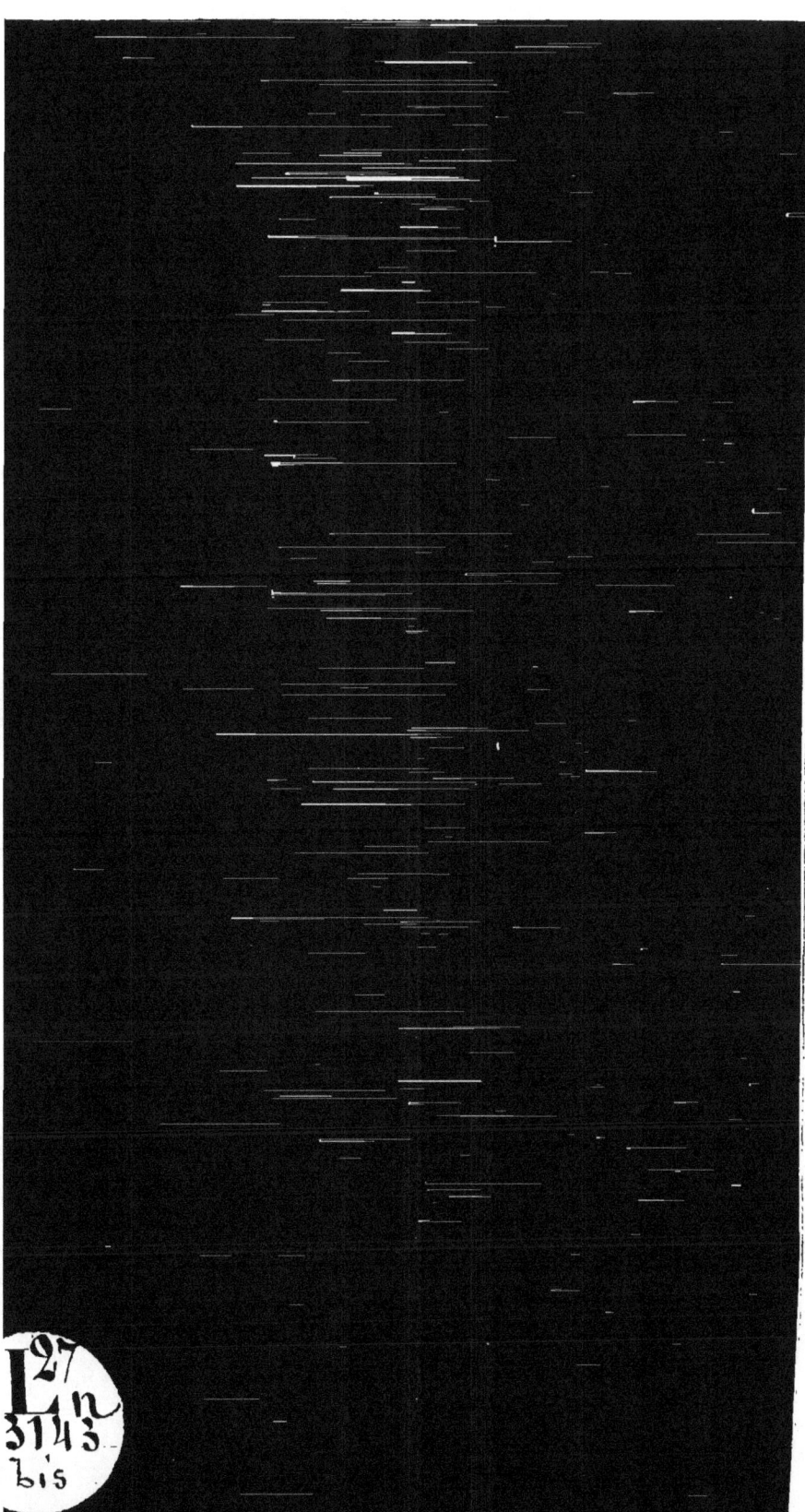

LETTRE
DE
M. F. SUGIER
AUTEUR DE
L'ENFANT DE LA CABANE
A Mgr F.-V. RIVET
ÉVÊQUE DE DIJON

sur la condamnation du livre par ce prélat.

Quum me lacerent maledictis, non placuit reticere, ne quis modestiam in conscientiam duceret.

En butte aux calomnies d'une noire cabale, je n'ai pas cru devoir me taire, de peur que mon silence ne fût pris pour aveu.

SALLUSTE.

Prix : 25 c.

DIJON
CHEZ ROPITEAU, LIBRAIRE-ÉDITEUR
ET CHEZ TOUS LES LIBRAIRES.

Nota. — Le livre dont il est question dans cette lettre, *L'Enfant de la Cabane, libre penseur*, par M. F. Sugier, 2ᵉ édition, se trouve à Paris, librairie Internationale, boulevard Montmartre, 15; A. Lacroix, Verboeckhoven et Cᵉ, éditeurs à Paris, à Bruxelles, à Leipzig et à Livourne. — Prix : 3 francs.

LETTRE

A

MGR RIVET, ÉVÊQUE DE DIJON

Monseigneur,

En vous envoyant l'*Enfant de la Cabane*, je vous disais : « Ce livre, l'image de ma vie, l'image d'un enfant de la nature, a de quoi intéresser un esprit comme le vôtre qui aime à observer le développement et la marche de la pensée humaine, » vous marquant, par là, la haute opinion que j'avais de vos lumières et de vos sentiments.

Certes, je ne m'attendais pas à un accueil sans réserve de la part de Votre Grandeur, mais je m'attendais encore moins à la brusque réprobation d'un livre qui, d'un bout à l'autre, respire la plus saine morale et la croyance en Dieu, choses qui, par le temps où nous vivons, ne laissent pas peu à désirer, même parmi le sacerdoce.

Je regrette beaucoup que, comme vous le dites, vous

l'ayez jugé *sur les premières pages;* car je me persuade que si vous l'aviez lu vous-même en entier, vous en auriez porté un autre jugement.

Du reste, je dois vous savoir gré de ce qu'en condamnant le livre, vous n'avez pas maudit l'auteur; tandis que nombre de vos prêtres, — non les plus édifiants, — s'acharnent contre l'un et l'autre, cabalant pour intimider les libraires et empêcher la diffusion de l'ouvrage (1).

Comme ces menées ont pris leur source dans vos entours, qu'il me soit permis, Monseigneur, de vous adresser la petite homélie apologétique qui suit. Vous n'y trouverez aucune trace du fiel des attaques dont je suis l'objet, mais le simple langage de la conviction et de la bonne foi.

Né sous le chaume dans les sapins d'Auvergne, mais élevé chrétiennement par une sainte femme, nul enfant ne fut plus pieux que moi, ni plus confiant en la bonté de Dieu. Le prier soir et matin, le supplier de m'avoir toujours sous sa garde, était la grande affaire de ma vie. Mais à treize ans, la naïveté de ma foi éprouva une grave atteinte.

C'était l'avant-dernière année du XVIIIe siècle, la veille du dimanche où je devais faire ma première communion, dans une grange érigée en chapelle. Le prêtre, après m'avoir fait ses dernières exhortations, m'administra la communion blanche pour m'apprendre à recevoir

(1) C'est ainsi que l'éditeur Manière a signifié au journal l'*Union bourguignonne*, de ne plus annoncer la vente chez lui.

l'Eucharistie. « Aujourd'hui, me disait-il, cette hostie n'est que du pain; mais demain ce sera, réellement et en vérité, le corps, le sang, l'ame et la divinité de notre Seigneur Jésus-Christ; ce sera Dieu lui-même, Dieu tout entier. » Moi, je l'écoutais avec candeur..... peut-être aurais-je subi le martyre plutôt que de nier; et cependant il y avait quelque chose qui ne s'arrangeait pas d'une manière satisfaisante dans mon esprit, et sur quoi ma pensée venait sans cesse épiloguer malgré moi. En un mot, je doutais. — Eh ! où est celui qui pense et ne doute pas?...

J'avoue que ce ne fut pas sans émotion que je vis s'écrouler l'édifice religieux de mes jeunes ans; mais cette émotion n'eut rien de pareil au bouleversement éprouvé par Jouffroy, lorsque, comme moi, il ne se sentit plus la force de lutter contre sa raison. Je ne feins pas non plus de dire que, malgré la ruine de mes premières croyances, j'ai conservé du goût pour les cérémonies du culte catholique. Je n'entends jamais le *Sursum corda*, sans ressentir une sorte de frémissement d'admiration : je me figure tout un peuple réuni, prêt à entonner des chants à la gloire de l'Eternel. — Ainsi il arrivera quand l'instruction aura détruit toutes les superstitions et que la civilisation aura fait de toutes les nations un seul peuple de frères.

J'ai bien longtemps étudié et comparé les diverses religions qui se partagent le globe. Il n'y en a pas une qui ne se proclame la seule vraie, pas une qui n'ait versé des flots de sang pour étouffer la raison, et jouir sans rivales de la domination des ames et des corps . . . . . .

O miseras hominum mentes, ô pectora cœca!

Pauvres aveugles que nous sommes! comme si notre première croyance n'était pas l'effet du hasard! Car vous conviendrez, Monseigneur, que les hommes ont la religion du pays où ils naissent et où ils sont élevés ; de façon que tel de nos prélats, s'il était né en Turquie, au lieu d'aller en pèlerinage à Rome, irait en pèlerinage à la Mecque. Et si aux bords du Gange?... Et si au Thibet?... Pas n'est besoin de vous dire les étranges choses qu'il prescrirait à son troupeau.

Mais, allez-vous me dire, notre religion est pure de stupidités pareilles. Sans doute, Monseigneur ; mais croyez-vous que les prêtres de Brahma et de Bouddha n'y trouvent rien à reprendre? Voyez plutôt comme ils persifflent les missionnaires que vous leur envoyez, sur le Dieu (ou les Dieux, éloïm) de la Bible et du *Credo* romain (1), railleries que je m'abstiens de retracer ici, par srupule et crainte de scandale, — car j'ai pour principe de respecter les croyances de chacun, et n'en voudrais dissuader personne.

Toutefois, quand, à part moi, je considère que le cours des saisons, la marche du soleil, les pestes, etc., sont les mêmes pour les païens et les chrétiens, il me semble qu'en fait de religion, Dieu n'en préfère point, et que la seule

(1) Volney.

digne de lui est celle de la morale fondée sur la nature et le bon sens, celle qu'inaugura notre Révolution par la déclaration des droits de l'homme et du citoyen, qui en compose l'exégèse et se résume en ces trois mots : — Liberté, — Egalité, — Fraternité.

La Révolution ! elle a eu pour mission d'accélérer l'essor du progrès de l'humanité, de délivrer l'intelligence du joug des superstitions, de dessiller les yeux des peuples, de sorte que partout le mal le cède au bien, le vice à la vertu, la violence à la justice, le mensonge à la vérité.

Déjà le pouvoir politique s'est laissé pénétrer par elle, et n'était un reste de barbarie mêlé de religiosité, on n'aurait plus de guerres au dehors ni de séditions au dedans. L'Eglise en ce moment la combat en désespérée. Entre les deux, le duel est à outrance : *Enlève-moi ou je t'enlève.* A laquelle des deux restera la victoire ?.... Pour ne pas discuter, écoutons ce que disait saint Bernard, il y a plus de sept cents ans, de la moralité du Saint-Siége : « On voyait, écrit-il dans son livre *De la Considération*, accourir de tous côtés, à Rome, des simoniaques, des prêtres incestueux ou concubinaires, pour solliciter la protection du pape, et qui ne manquaient jamais de l'obtenir, s'ils avaient de quoi l'acheter. » — Ta cour, disait-il à Innocent II, peut recevoir quelques bons sujets, mais non les rendre tels : car les mauvais ne s'y amendent pas, tandis que les bons s'y pervertissent. *Mali enim illic non proficiunt, sed boni deficiunt.* Ecoutons de même ce qu'a dit Lamennais de l'Eglise, il y a trente-cinq ans, lui, jusqu'alors, son plus héroïque champion.

« Le catholicisme était ma vie ; je voulais le défendre,
» je voulais le soulever de l'abîme où il va s'enfonçant
» chaque jour ; rien n'était plus facile. Les évêques ont
» trouvé que cela ne leur convenait pas. Restait Rome :
» j'y suis allé, et j'ai vu là le plus infâme cloaque qui ait
» jamais souillé des regards humains. L'égoût gigantesque
» des Tarquins serait trop étroit pour donner passage à
» tant d'immondices. — Là, nul autre dieu que l'intérêt ;
» on y vendrait les peuples, on y vendrait le genre humain,
» on y vendrait les trois personnes de la sainte Trinité l'une
» après l'autre ou toutes ensemble, pour un coin de terre
» ou pour quelques piastres. J'ai vu cela, et je me
» suis dit : Ce mal est au-dessus de la puissance de
» l'homme, et j'ai détourné les yeux avec dégoût et avec
» effroi. »

Quelle différence, Monseigneur, entre cette lamentation et votre circulaire extatique du 5 août dernier ! C'est que Lamennais avait vu le Vatican en simple négligé, tandis que vous ne l'avez vu qu'en habit de parade. Ici le fard, et là le naturel. Mais revenons à mon livre.

Le sort m'ayant fait naître peuple, je me suis consacré au service du peuple. Sur le point de quitter la vie, et désirant encore lui être utile quand je ne serai plus, j'ai rédigé mon testament à cette fin. En y voyant ce que j'ai fait pour m'affranchir, les enfants du peuple apprendront à s'affranchir eux-mêmes. Or, ce testament, Monseigneur, est justement l'*Enfant de la Cabane*, que vous avez si sommairement condamné, et contre lequel vos prêtres intriguent et clabaudent chaque jour de plus belle. Je suis, à les entendre, un homme abominable, un impie, un tison d'enfer, un être à fuir comme un pestiféré, à être brûlé avec mon livre, — ce qui aurait pu arriver à leur grande joie, si le bras séculier ne s'était fait, lui aussi, tolérant et libre penseur.

Mais, mes vénérables censeurs, les injures dont vous me décorez ne sont jusqu'ici que des injures vagues qui n'ont aucune portée sérieuse. Je veux vous mettre à même de mieux les préciser à l'avenir.

Vous savez ou vous ne savez pas que la vie privée du citoyen est un sanctuaire muré où nul n'a droit de pénétrer. Eh bien! moi, je permets à vous et à tous autres, d'entrer librement dans ce sanctuaire, et de livrer à la publicité tout ce que vous y trouverez de non conforme à la justice et à l'honnêteté. L'enquête vous sera d'autant plus aisée, que chaque lieu où j'ai eu un foyer et même un simple abri est indiqué dans le livre maudit . . . .

. . . .

Ce livre, qui reflète le cours de ma longue carrière, mêlé avec celui de la Révolution, est le miroir de mon passé, passé, j'ose le dire, qui me donne le droit de dédaigner la calomnie, de quelque part qu'elle vienne . . .

. . . .
. . . .

Pour vous, Monseigneur, du jour où j'ai eu l'honneur

de vous connaître, je vous ai affectionné comme homme au cœur d'élite, mais vous plaignant de ce que, comme tous ceux chargés d'un grand pouvoir, vous êtes exposé à être trompé, et, par suite, à commettre de fâcheuses méprises. – Un de vos dignitaires m'écrit, parlant de vous : *Notre saint évêque*.... fine langue d'apothéose, propre à faire songer.... Mais changeons de sujet.

Il me revient que ce que j'ai dit du célibat des prêtres et de la confession nommée auriculaire vous a beaucoup déplu. Penseriez-vous donc, Monseigneur, comme le Sacré-Collége, que l'Eglise n'a rien à réformer, et qu'en persistant dans son fatal *non possumus*, elle peut faire rétrograder l'esprit humain ? Ah ! si, à l'exemple de quelques sages rois de l'antiquité, vous pouviez vous mêler *incognito* à la population des villes et des campagnes, vous ne tarderiez pas à vous convaincre, qu'ainsi que le fait remarquer l'éminent auteur des *Paroles d'une philosophie positive*, il s'est fait, dans toutes les couches de la société, une décomposition des anciennes croyances, décomposition qui atteint le prêtre et le laïque, les savants et les ignorants, les riches et les pauvres, en un mot, les hommes de tous les caractères et de toutes les opinions, d'où vous concluriez avec moi qu'il n'y a ni *syllabus* ni *encyclique* ni *mandement* qui puissent empêcher le torrent de couler.

Le célibat des prêtres et la confession ont été vivement attaqués dès l'origine comme pernicieux à la moralité du clergé. Comment se fait-il qu'on tienne encore aujourd'hui à deux pratiques si fécondes en scandales, et dont l'abolition donne tant d'avantages à Genève sur Rome?

. . . .
. . . .
. . . .

En terminant, Monseigneur, je me laisse encore aller à croire que vous et moi, à part des hypothèses passagères dont la conscience et le devoir sont indépendants, nous avons au fond même foi, je veux dire l'instinct divin qui fait aimer le bien et détester le mal, et qui relie le genre humain.

Pour moi, dont la fin ne peut être loin, libre de préjugés, libre de passions, plein de confiance en Dieu, j'attends ma dernière heure, aussi calme, aussi tranquille que l'enfant qui s'endort sur le sein de sa mère.

Daignez, Monseigneur, agréer mon profond respect.

F. SUGIER.

Mâlain, près Dijon, septembre 1867.

Dijon, imp. Jobard.

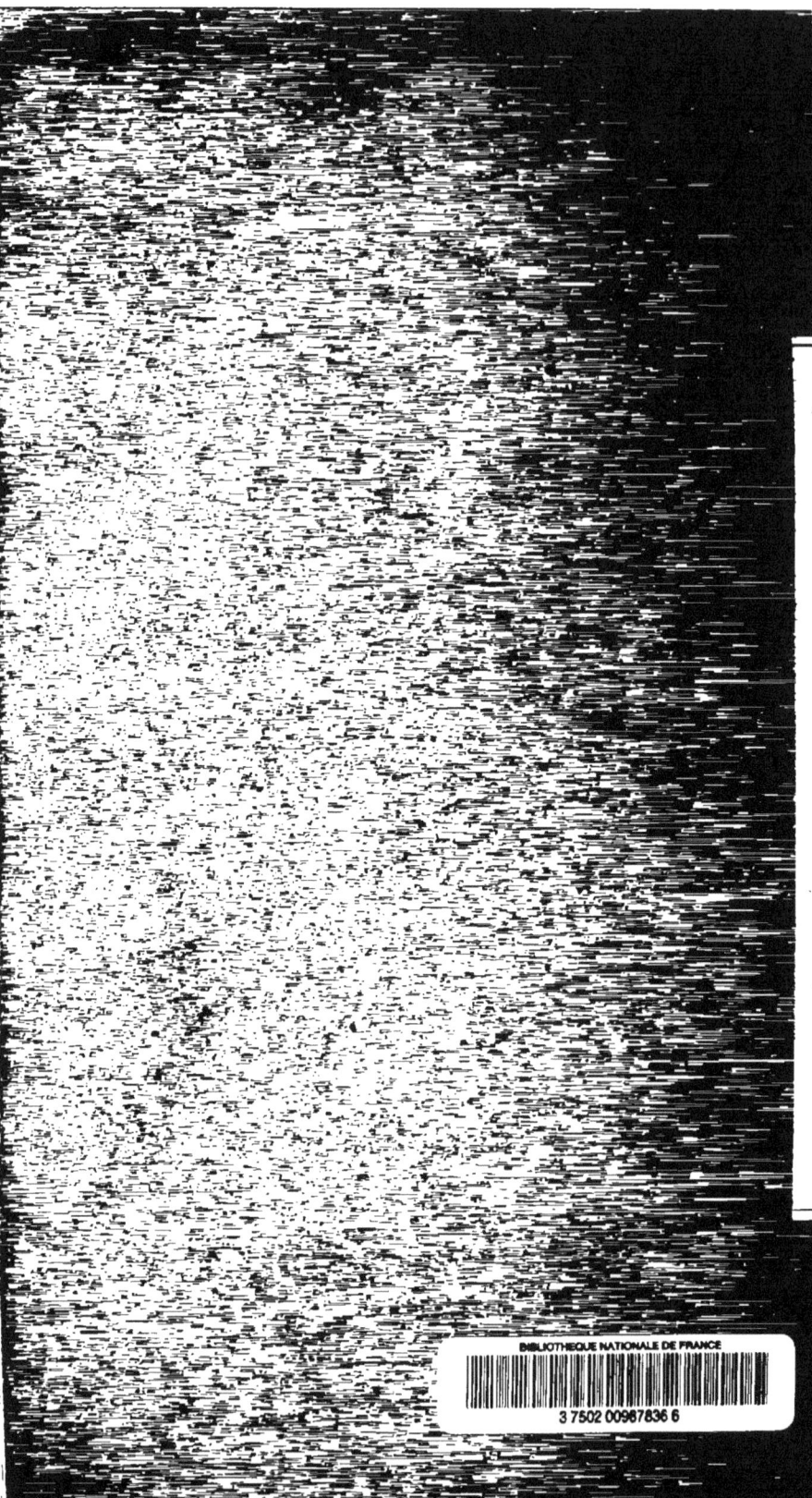

www.ingramcontent.com/pod-product-compliance
Lightning Source LLC
Chambersburg PA
CBHW070543050426
42451CB00013B/3152